Christopher Krause

Enterprise Architecture Management (EAM)

Integraler Bestandteil einer IT-Strategie

GRIN Verlag

Bibliografische Information der Deutschen Nationalbibliothek:

Die Deutsche Bibliothek verzeichnet diese Publikation in der Deutschen National-
bibliografie; detaillierte bibliografische Daten sind im Internet über http://dnb.d-
nb.de/ abrufbar.

Impressum:

Copyright © 2011 GRIN Verlag GmbH
Druck und Bindung: Books on Demand GmbH, Norderstedt Germany
ISBN: 978-3-656-04459-8

Dieses Buch bei GRIN:

http://www.grin.com/de/e-book/181502/enterprise-architecture-management-eam

Fachhochschule der Wirtschaft

- FHDW -

Bergisch Gladbach

Studienarbeit

Thema:

Enterprise Architecture Management (EAM) –

integraler Bestandteil einer IT-Strategie

Verfasser:

Christopher Krause

4. Studientrimester

Studiengang: Wirtschaftsinformatik

Studiengruppe: BFW4B8

Abgabetermin:

19.01.2011

I. Inhaltsverzeichnis

II. Abkürzungsverzeichnis

Abkürzung	Bedeutung
BSM	Business Service Management
CIO	Chief Information Officer (IT-Vorstand)
CISR	Center of Information System Research
CobiT	Control Objectives for Information and related Technology
EAI	Enterprise Application Integration
EAM	Enterprise Architecture Management
FEAF	Federal Enterprise Architecture Management
IEEE	Institute of Electrical and Electronics Engineers
IEC	International Electrotechnical Commission
ISO	International Organization for Standardization
IT	Informationstechnologie
SOA	Serviceorientierte Architektur
TOGAF	The Open Group Architecture Framework
XML	eXtensible Markup Language

III. Tabellenverzeichnis

IV. Abbildungsverzeichnis

1. Einleitung

„Ohne den Einsatz von IT könnten wir unser Geschäft nicht mehr betreiben. Vor rund 30 Jahren war in der Logistikbranche das Wichtigste das Abholen und Zustellen eines Pakets. Heute ist die Information über das Paket genauso wichtig wie das Paket selbst."[1] Dieses Zitat des Chief-Information-Officers (CIO) des deutschen Logistikunternehmens DHL zeigt stellvertretend für sehr viele Unternehmen verschiedener Branchen die enorme Wichtigkeit der Informationstechnologie (IT) für den Geschäftserfolg in der heutigen Zeit.

Besonders Unternehmen, die unter ständigem Druck durch Globalisierung, zunehmenden Wettbewerb und immer kürzer werdenden Produkt- und Innovationslebenszyklen stehen, müssen sich immer wieder neuen Herausforderungen stellen, die es bestmöglich zu erkennen und lösen gilt, um weiterhin wirtschaftlich erfolgreich zu bleiben. Eine immer schwierigere Frage lautet, wie Unternehmen gegenüber ihren Marktbegleitern wirtschaftliche Erfolge erzielen können, um kurzfristige Wettbewerbsvorteile zu nutzen und somit ihren Gewinn zu steigern. Da meist die Märkte gesättigt, die Gewinnmargen aufgrund des harten Wettbewerbs minimal und Vorstöße außerhalb des Kerngeschäfts risikoreich sind, wird der Betrachtungsschwerpunkt zur Optimierung des Unternehmens auf die Organisation selbst gelegt, um durch eine strategische Neuplanung Kosten zu minimieren und die Effizienz zu steigern.

Da damit oft tiefgreifende Veränderungen im gesamten Unternehmen verbunden sind, obliegen diese Aufgaben und deren Steuerung wie Überwachung dem Top-Management eines Unternehmens, da solche strategischen Entscheidungen langfristig das Unternehmen beeinflussen und lenken. Diese wissenschaftliche Ausarbeitung befasst sich im Folgenden mit einer der wichtigsten Teildisziplinen in diesem Kontext, dem Management der Unternehmensarchitektur (Enterprise Architecture), also der ganzheitlichen Abstimmung der IT auf die Geschäftsprozesse (das „Business") des Unternehmens.

Der Rahmen dieser Studienarbeit wird daher auf die Frage eingegrenzt, ob Enterprise Architecture Management (EAM) der integrale Bestandteil einer jeden erfolgreichen IT-Strategie ist. Um fundierte Aussagen treffen zu können, wird erst mal ein

---

[1] Vgl. Klostermeier, J.: Stephen McGuckin, DHL, Der Pragmatiker, in: CIO-Magazin, Heft 6, 2004a, S.68-70

geschichtlicher wie thematischer Überblick des weitreichenden Sachverhalts gegeben, um anschließend EAM genauer zu beleuchten.

2. Historische Entwicklung der IT

Die Gründe für die heutige, vielfältige und vor allem meist unkontrollierbare IT-Landschaft in (alten / großen) Unternehmen sind vielfältig.

Der wichtigste Grund ist der erhebliche Wandel der IT von der Technikfokussierung zur Geschäftsorientierung in den letzten fünfzig Jahren. Zu Beginn des IT-Einsatzes in den 1960er Jahren wurden Stand-alone-Anwendungen eigens entwickelt und auf zentralen Hauptrechnern (Mainframes) betrieben, sodass eine Trennung von Rechner und Anwendung unmöglich war. Durch die Weiterentwicklung zum Client-Server-Modell konnten verschiedene Rechner miteinander vernetzt und Rechnerleistungen verteilt werden, sodass der modulare Aufbau von Anwendungen eine Trennung von physischer und logischer Anwendungsschicht ermöglichte. Dadurch wurden die IT-Systeme in Unternehmen erheblich flexibler. Heutzutage werden sogar Rechnerressourcen und standardisierte Software flexibel („on demand") gebucht und sind sofort verfügbar. So tragen die abrufbaren Services und die bedarfsorientierte Rechnerauslastung erheblich zu einer unternehmerischen Leistungssteigerung bei. Da jedoch in den meisten Unternehmen das allgemein bekannte Sprichwort „Never touch a running system."[2] gelebt wird, entsteht die sogenannte historisch gewachsene IT-Landschaft, da alte IT-Systeme wegen gestiegener Geschäftsanforderungen durch neue ergänzt bzw. nicht konsequent ersetzt wurden, sodass die IT-Architektur der Unternehmen mit der Zeit immer komplexer, heterogener und undurchschaubarer wurde.

Dies zeigt implizit den zweiten Grund, nämlich die Technologievielfalt der IT in einer Organisation. Durch technologische Fortschritte und immer kürzer werdende Upgradezyklen verändert sich die IT-Landschaft ständig und fließend, sodass die Wartung und die neue Aneignung von Fachwissen die erhofften Wettbewerbsvorteile durch die Neueinführung relativieren.

Um dies zu umgehen, geschieht es besonders bei großen Unternehmen öfters, dass einzelne Bereiche / Abteilungen parallele IT-Systeme aufbauen, um möglichst effizient und wettbewerbsfähig zu arbeiten. Dadurch entsteht unnötige und teure Redundanz.

[2] Urheber unbekannt

An diesen drei Hauptgründen lässt sich erkennen, dass ein strategisches Management der IT-Landschaft notwendig ist, um der gesteigerten Wichtigkeit der IT für das Unternehmen angemessen Rechnung zu tragen. Die Informationstechnologie ist nämlich kein reiner Kostenfaktor mehr, nicht nur IT-Dienstleister der Geschäftsprozesse, sondern in vielen Fällen Treiber des Unternehmens, da mittlerweile die IT mit dem Business untrennbar verschmolz:

Abbildung 1: Historische Entwicklung der IT
(Quelle: in Anlehnung an Gadatsch, Andreas & Mayer, Elmar: Masterkurs IT-Controlling, 2. Auflage. GWV Fachverlage GmbH, Wiesbaden 2005. S.34)

Aus diesem Grund sollte ein strategisches Management einen Überblick über die vorhandenen Strukturen der IT und deren Zusammenspiel mit dem Business erstellen, (neue) Prozesse standardisieren und die globale Enterprise Architecture an den zukünftigen Unternehmenszielen und Erfordernissen einheitlich weiterentwickeln.

3. IT-Governance

Diese Einheitlichkeit und Abstimmung der gesamten IT des Unternehmens muss also gemanagt werden. Das beschreibt die übergeordnete Managementdisziplin „IT-Governance", die wiederrum Bestandteil der Corporate Governance ist. In der Literatur werden trotz Fehlen einer allgemeingültigen Definition unter Corporate Governance „die Grundsätze ordnungsgemäßer und verantwortungsvoller Unternehmensführung als Rahmen für die Leitung und Überwachung eines Unternehmens"[3] verstanden. Dabei soll eine langfristige Wertschöpfung mit der ausgewogenen Berücksichtigung der unterschiedlichen Interessen aller Stakeholder des Unternehmens erreicht werden.

3.1. Definition & Modelle

So wie die Corporate Governance zwischen Unternehmensumwelt und Unternehmen „vermittelt", stellt die IT-Governance die „Brücke" zwischen Business und IT im Unternehmen dar. Da dies zahlreiche Aspekte und unterschiedliche Sichtweisen

---

[3] Werder, A.v.: Internationalisierung der Rechnungslegung und Corporate Governance, 1. Auflage. Stuttgart 2003, S. 4

umfasst, existieren hier kein genereller Standard sowie keine allgemein anerkannte Definition. Im Folgenden werden die bekanntesten vorgestellt:

Standard / Rahmenwerk	Definition
IT Governance Institute (ITGI)	"IT governance is the responsibility of the board of directors and executive management. It is an integral part of enterprise governance and consists of the leadership and organizational structures and processes that ensure that the organization's IT sustains and extends the organization's strategies and objectives."[4]
ISO/IEC 38500	"The system by which the current and future use of IT is directed and controlled. It involves evaluating and directing the plans for the use of IT to support the organization and monitoring this use to achieve plans. It includes the strategy and policies for using IT within an organization."[5]
Center for Information System Research (CISR)	"Specifying the decision rights and accountability framework to encourage desirable behaviour in using IT"[6]
Control Objectives for Information and related Technology (CobiT)	"A structure of relationships and processes to direct and control the enterprise in order to achieve the enterprise's goals by adding value while balancing risk versus return over IT and its processes"[7]

Tabelle 1: IT-Governance Definitionen
(Quelle: eigene Zusammenstellung)

Auf Basis dieser Erkenntnisse lässt sich IT-Governance als Bezugsrahmen mit Grundsätzen, Verfahren und Methoden zusammenfassen, die alle sicherstellen sollen, dass die eingesetzte Enterprise Architecture die Unternehmensstrategie und -ziele nicht nur unterstützt, sondern ihren Wertbeitrag zum Unternehmenserfolg beiträgt. Dazu müssen die begrenzten Ressourcen ökonomisch eingesetzt und Risiken verantwortungsvoll überwacht werden.

Deshalb ist es selbstverständlich, dass IT-Governance nur erfolgreich sein kann, wenn sie vom Top-Management als rollierender Prozess gehandhabt wird. Hierzu haben sich vier Kernbereiche, die auf dem international akzeptierten „Best Practice"-Standard für IT-Governance „CobiT" beruhen, herauskristallisiert (siehe Abbildung 2: Kernbereiche der IT-Governance). Den Anfang des Zyklus bildet der wesentlichste Bestandteil der

---

[4] Vgl. Göldner, Axel: IT-Governance in der Praxis, 1. Auflage. Springer Verlag, Berlin 2006. S. 30
[5] Einsicht und Zitierung mit freundlicher Genehmigung des Deutschen Normenwerkes; Auslegestelle: Betzdorfer Straße 2, 50679 Köln
[6] Vgl. Göldner, S. 29
[7] Vgl. Göldner, S. 28

IT-Governance, das IT-Business-Alignment, worauf im nächsten Kapitel (siehe 3.2 IT-Business-Alignment) genauer eingegangen wird. Der nächste Schritt bildet die Sicherstellung der operativen Leistungserbringung durch eine effiziente IT-Unterstützung und im besten Fall die Erbringung zusätzlicher Wertschöpfungsbeiträge zu geringen Kosten (IT-Value-Delivery). Die benötigte Erfolgsmessung ist im IT-Performance-Management angesiedelt, wo die Umsetzung der strategischen Vorgaben für Anwendungen, Systeme und Architekturen kontrolliert und weiterentwickelt wird. Zum Schluss sorgt das IT-Risiko-Management für ausreichende Sicherheit, damit geschäftskritische Prozesse zu keiner Zeit beeinträchtigt werden können.

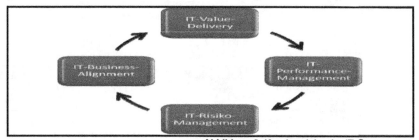

Abbildung 2: Kernbereiche der IT-Governance
(Quelle: in Anlehnung an Masak, Dieter: IT-Alignment, 1. Auflage. Springer Verlag, Berlin 2006. S. 26)

3.2. IT-Business-Alignment

Das IT-Business-Alignment, der Kern der IT-Governance, bildet die gemeinsame Ausrichtung von IT und Geschäftsprozesse ab.[8] Somit repräsentiert es die Spitze des Business Service Managements (BSM), das das Geschäftsprozessmanagement mit dem IT-Service-Management (siehe 3.3 Die 5 Disziplinen der IT-Governance) verbindet. Das Ziel BSMs liegt in der engen Verknüpfung und passgenauen Abstimmung von IT-Services mit dem Business. Um dies zu erreichen, besteht das IT-Business-Alignment aus zwei Teilen, dem strategischen und dem untergeordneten architektonischen Alignment (siehe Abbildung 3: IT-Business-Alignment).

Jedes Unternehmen besitzt bewusst oder unbewusst eine Geschäftsstrategie, die es befolgt. Jedoch existiert meistens nur eine im Vergleich unterentwickelte Strategie für die IT im Unternehmen, obwohl sie heutzutage in jedem Unternehmensbereich eine bedeutende Rolle spielt. Das strategische Alignment dient somit dazu, beide Strategien besser aufeinander ausrichten, da sie sich gegenseitig immer stärker beeinflussen, um so die Performanz des Unternehmen langfristig zu steigern.

---

[8] Masak, Dieter: IT-Alignment, 1. Auflage. Springer Verlag, Berlin 2006. S. 10

So wie aus der Geschäftsstrategie die wesentlichen Geschäftsprozesse abgeleitet werden können, entsteht aus der IT-Strategie (siehe 3.3 Die 5 Disziplinen der IT-Governance) die grundlegende IT-Architektur mitsamt all ihrer IT-Prozesse. So besitzt das architektonische Alignment die Aufgabe, die Ähnlichkeit zwischen der Geschäftsprozess- und IT-Architektur zu messen und anzugleichen, denn je ähnlicher sich zwei Strukturen sind, desto effizienter arbeiten sie zusammen.[9]

Dementsprechend sind die gemeinsamen Ziele des strategischen sowie architektonischen Alignments die unternehmensübergreifende Verschmelzung der IT mit dem Business und die bestmögliche IT-Unterstützung zur Erfüllung der Unternehmensanforderungen, um die Unternehmensvision zu verwirklichen.

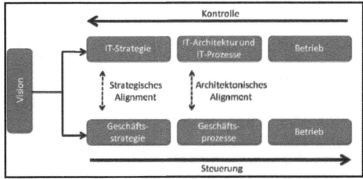

Abbildung 3: IT-Business-Alignment
(Quelle: in Anlehnung an Masak, S. 164)

3.3. Die 5 Disziplinen der IT-Governance

Um die strategische IT-Planung eines Unternehmens besser handhaben zu können, setzten sich in der Praxis fünf ausschlaggebende Disziplinen durch, die ebenfalls in der Literatur als die wichtigsten Domänen der IT-Governance gelten.

Zuerst wäre das IT-Portfoliomanagement zu nennen, womit ein Unternehmen die IT gezielt auf die Geschäftsanforderungen ausrichtet. Dabei müssen mit Berücksichtigung von Budget, Ressourcen und Zeit vielfältige IT-Projekte auf ihre Relevanz hin bewertet und priorisiert werden. So können mit diesem strategischen Steuerungsinstrument zwischen Muss-Projekten mit gesetzlichem Hintergrund, Projekten mit geschäftsstrategischer Bedeutung, Projekte mit primärer Wirtschaftlichkeitsrelevanz

---

[9] Vgl. Masak, S. 145

und Wartungs-/Betriebsthemen unterschieden werden.[10] Beispiele dafür wären Enterprise Architecture Veränderungen, Reorganisationen, Prozessoptimierung sowie einfache Kapazitätserweiterungen.

Die daran anknüpfende Disziplin, IT-Sourcing, beschäftigt sich mit der Frage, ob und in welchem Maße die IT des Unternehmens zu externen Dienstleistern ausgelagert werden soll. Das dahinterstehende Ziel ist die Fokussierung auf die unternehmerischen Kernkompetenzen, um so Kostensenkungen und Flexibilitäts-/Qualitätssteigerungen zu ermöglichen.[11] Jedoch sollte die Managemententscheidung über IT-Sourcing mit Bedacht getroffen werden, da das Outsourcing der IT an einen externen Dienstleister große und langfristige Auswirkungen auf das Unternehmen besitzt. Aufgrund der hohen Durchdringung der IT in den wertschöpfenden Geschäftsprozessen werden so nämlich wichtige Teile des Unternehmens sichtbar für Dritte und gehören nicht mehr zum unmittelbaren Steuerungs- und Kontrollbereich. Deshalb wird meistens ein Sourcing-Mix verwendet.

Sobald die IT im Unternehmen behalten wird, muss sie gemanagt werden. Da wie zuvor gesehen die Dienstleistungsorientierung immer weiter zunimmt und die IT einen Wertbeitrag durch die Unterstützung der Geschäftsprozesse erwirtschaften soll, ist mittlerweile IT-Service-Management für ein Unternehmen unverzichtbar. Die Fachbereiche werden seitens der IT nicht mehr als Organisationseinheiten, sondern als interne Kunden gesehen. So ist es nicht verwunderlich, dass das Hauptaugenmerk nicht auf der höchsten Effizienz, sondern auf der Transparenz aller Prozesse, der Flexibilität der IT zur dynamischen Anpassung und der bestmöglichen Unterstützung der Geschäftsprozesse durch IT-Services ruht.

Besonders hervorzuheben ist im IT-Governance Kontext die IT-Strategie, da diese Disziplin im Grunde genommen die Grundlage für alle anderen bildet. Der Begriff „Strategie", der üblicherweise für den Entwurf und die Durchführung eines Gesamtkonzepts steht,[12] findet seinen Wortursprung im Griechischen, wo es grob mit Feldherrenkunst, genauer mit „Armee führen" übersetzt werden kann.[13] So wie das Ziel der Militärstrategie ist, die Schlacht zu gewinnen, ist das Ziel der Unternehmensstrategie im Wettbewerb zu gewinnen. Da die IT-Strategie aufgrund ihres

---

[10] Vgl. Göldner, S. 61
[11] Vgl. Rottweiler, Lars: PriceWaterhouseCoopers Studie über IT-Sourcing. Frankfurt 2009. S. 8
[12] Vgl. Brockhaus Enzyklopädie in 15 Bänden. 20. Auflage. F.A. Brockhaus, Leipzig 1997. Band 13, S.364
[13] Vgl. Grant, Robert M.: Strategisches Management – Analyse, Entwicklung und Implementierung von Unternehmensstrategien, 5. Auflage. Pearson Studium, München 2006. S.36

strategischen Alignments geschäftsgetrieben ist, „dient [sie] der Umsetzung und dem Monitoring geeigneter IT-orientierter Maßnahmenbündel zur Realisierung strategischer Unternehmensziele"[14]. Auf Grund dessen, dass die Planung dieser Maßnahmen sich über einen langen Zeitraum von üblicherweise drei bis fünf Jahren erstrecken, ist die IT-Strategie Kerninstrument der IT-Governance, um die langfristige, zukunftsgerichtete Wertschöpfung und Unterstützung im Unternehmen sicherzustellen. Dafür müssen folgende Fragen beantwortet und mit Hilfe der schriftlichen Niederlegung der IT-Strategie allen Stakeholdern des Unternehmens bekannt gemacht werden:

Strategische Fragen	Inhaltliche Beschreibung
Wo stehen wir heute?	Aktuelle Ausgangslage skizzieren
Wo wollen wir hin?	Formulierung des zukünftigen Soll-Zustands
Was müssen wir tun?	Auflistung des Handlungsbedarfs
Was haben wir für Alternativen?	Aufzeigen von Handlungsoptionen
Was ist konkret zu tun?	Setzen von Zielen und Definieren von Maßnahmen
Wer führt die Maßnahmen durch?	Benennung der Verantwortungsträger
Wann haben wir die Ziele erreicht?	Bestimmung von Messgrößen für das Ziel-Monitoring

Tabelle 2: Bestandteile einer IT-Strategie
(Quelle: eigene Zusammenstellung; vgl. Gadatsch, S. 67 und vgl. Hanschke, Inge: Strategisches Management der IT-Landschaft, 1. Auflage. Carl Hanser Verlag, München 2009. S.44)

Die Evaluation des Erfolgs einer IT-Strategie im Ganzen ist aufgrund fehlender, operativer und aussagekräftiger Kenngrößen äußerst schwierig. Deshalb sollte eine IT-Strategie zyklisch (am besten jährlich) überprüft und bei entsprechendem positivem wie negativem Bedarf angepasst werden.

Die letzte IT-Governance-Disziplin betrachtet das Management der Enterprise Architecture, was im folgenden Teil näher beleuchtet wird.

4. Enterprise Architecture Management (EAM)

Die Enterprise Architecture (dt. Unternehmensarchitektur), die zuvor schon in verschiedenen Kontexten benannt wurde, beschreibt die architektonische Gesamtsicht auf ein Unternehmen. Sie beinhaltet alle wesentlichen Strukturen der Geschäftsprozess-

---

[14] Gadatsch, Andreas & Mayer, Elmar: Masterkurs IT-Controlling, 2. Auflage. GWV Fachverlage GmbH, Wiesbaden 2005. S.67

und IT-Architektur und deren wechselseitige Zusammenhänge,[15] sodass erst durch ein Zusammenspiel beider Architekturen ein effektives Gesamtsystem, das Unternehmen, entstehen kann.[16] Dadurch besitzt das architektonische Alignment seine bedeutende strategische Wichtigkeit. Durch die Schaffung von Transparenz und der gegenseitigen Vernetzung wird somit eine „Brücke" zwischen Business und IT im Unternehmen gebaut (siehe Anhang 6.2 Globaler Enterprise Architecture Überblick).

4.1. Definition

Leider existiert wie bei IT-Governance keine einheitliche Definition in der Literatur, was Enterprise Architecture und dessen Management exakt bedeuten, da es hier keinen generellen Standard gibt. Deshalb werden die anerkannten Definitionen aus der Auswahl praxisrelevanter Rahmenwerke (eng. Frameworks) im Folgenden vorgestellt:

Frameworks bzw. Institutionen	Definitionen
Center for Information Research (CISR)	"The enterprise architecture is the organizing logic for a firm's core business process and IT capabilities captured in a set of principles, policies, and technical choices to achieve the business standardization and integration requirements of the firm's operating model."
Federal Enterprise Architecture Framework (FEAF)	"A strategic information asset base, which defines the mission, the information necessary to perform the mission and the technologies necessary to perform the mission, and the transitional processes for implementing new technologies in response to the changing mission needs. An enterprise architecture includes a baseline architecture, target architecture and a sequencing plan."
The Open Group Herausgeber des "The Open Group Architecture Framework" (TOGAF)	"Enterprise architecture is the capture of all behaviour that goes on in an organization: the data that is processed, who does what, where everything is, and why everything is done. In a sentence, the who, what, why, when, where, and how of the business at every level from high-level corporate goals to the code of low-level-programs that implement business processes used to achieve those goals."

Tabelle 3: Enterprise Architecture (Management) Definitionen
(Quelle: Baker, David: IT-Strategy and Enterprise Architecture. CIO Council, November 2005. S.6

---

[15] Vgl. Hanschke, Inge: Strategisches Management der IT-Landschaft, 1. Auflage. Carl Hanser Verlag, München 2009. S.57
[16] Vgl. Masak, S. 90

Da in den Definitionen immer nur von Enterprise Architecture und nie von dessen Management die Rede ist, ist davon auszugehen, dass unter Management die übliche Bedeutung des Führens von Institutionen jeglicher Art zu verstehen ist.[17] Die Unternehmensarchitektur muss gemanagt werden, da bei steigender Unternehmensgröße und steigender Anzahl der IT-Systeme die Komplexität der Enterprise Architecture deutlich zunimmt. Dies hat zur Folge, dass durch neue Technologien und zusätzlichen Schnittstellen die Entwicklungs- und Betriebskosten steigen und dazu die Gefahr von redundanten sowie inkonsistenten Daten besteht.[18] Auf Basis dieser Erkenntnisse lassen sich für das Enterprise Architecture Management folgende Hauptaufgaben festlegen:

Hauptaufgaben des Enterprise Architecture Managements
Reduzierung der Prozesskomplexität
Reduzierung der Schnittstellen (siehe 4.4 Enterprise Application Integration (EAI))
Parallelisieren von Prozessen
Reduzierung redundanter Hardwaresysteme in der IT-Landschaft
Reduzierung verschiedener Anwendungssysteme für ähnliche Aufgaben

Tabelle 4: Enterprise Architecture Management Hauptaufgaben
(Quelle: eigene Zusammenstellung)

So sorgt EAM durch die ganzheitliche Geschäftsprozessoptimierung sowohl für ein kosten- als auch für ein leistungsorientiertes Management der IT. Je schneller und passgenauer dies funktioniert, desto erfolgreicher ist Enterprise Architecture Management. Profiteur dessen ist das gesamte Unternehmen, angefangen bei Unternehmensführung, Business-Verantwortlichen, Projektleitern, Controllern, Sicherheitsbeauftragten bis hin zu den offensichtlichen Nutznießern wie CIO, IT-Strategen, Infrastruktur-Architekten und Verantwortlichen für das Risikomanagement.[19]

4.2. Modelle

Auf Grund der Tatsache, dass das Umfeld eines Unternehmens sich dynamisch wandelt, verändern sich die Geschäftsprozess- sowie IT-Architektur ständig. Hinzu kommt die wechselseitige Beeinflussung beider Architekturen untereinander, sodass ein professionelles Change Management der Unternehmensarchitektur benötigt wird.

---

[17]Vgl. Brockhaus Enzyklopädie in 15 Bänden. 20. Auflage. F.A. Brockhaus, Leipzig 1997. Band 9, S.71
[18] Vgl. Hanschke, S.58
[19] Vgl. Hanschke, S.142

Die Gründe für Changes in der Enterprise Architecture sind zwar vielseitigen Ursprungs, jedoch können sie meistens leicht in zwei Kategorien eingeteilt werden. Die vier wichtigsten Auslöser seitens der IT-Architektur sind neue Technologien, neue Standards sowie Kostenreduktion und wiederrum verschwindende Technik.[20] Veränderungen in der Geschäftsprozessarchitektur werden dagegen hauptsächlich durch Innovationen, also neue Produkte, und durch strategische Zieländerungen hervorgerufen.[21] Dies zeigt, dass die Ausgestaltung einer Enterprise Architecture keine einmalige Angelegenheit sein darf, sondern wie IT-Governance ein rollierender Prozess sein muss, um die fortwährende Anpassung der Unternehmensarchitektur an das Unternehmensumfeld zu gewährleisten.

Dementsprechend wird ein auf das Unternehmen zugeschnittenes Architekturframework gebraucht, wodurch EAM erfolgreich im Unternehmen etabliert werden kann. Heutzutage existiert eine Fülle an verschiedenen Rahmenwerken, die genutzt werden können, da der Grundstein der Enterprise Architecture-Entwicklung bereits vor circa dreißig Jahren gelegt wurde. Unabhängig vom eingesetzten Framework sollte immer zwischen konzeptioneller und operationeller Sicht einer Architektur unterschieden werden,[22] damit bei strukturellen Prozessveränderungen das Modell flexibel genug drauf reagieren kann. Der internationale Standard für die konzeptionelle Ebene ist die Institute of Electrical and Electronics Engineers (IEEE) Norm 1471, die die theoretischen Grundlagen über die Definition, Analyse und Beschreibung einer Architektur definiert.[23] Die Bedingungen für das Einführen eines Frameworks und die dazugehörigen Methoden zur Entwicklung einer ans Unternehmen angepassten Referenzarchitektur (operationelle Ebene) hingegen sind in der ISO 15704 niedergelegt.

Das älteste (1987) und wohl bedeutendste / bekannteste Rahmenwerk ist das Zachman Enterprise Architecture Framework, da es zahlreiche spätere Frameworks beeinflusste und somit die Vorreiterrolle bei Unternehmensarchitekturen einnahm. Es ist ein hochstrukturiertes, generisches Modell, das als 6x6 Matrix das gesamte Unternehmen in verschiedene Perspektiven (Daten, Funktion, Netzwerk, Personen, Zeit, Motivation) und Rollen (Planer, Besitzer, Designer, Builder, Programmierer, Nutzer) aufteilt;[24] siehe Anhang 6.3 Zachman Enterprise Architecture Framework Überblick. Heutzutage gilt es

---

[20] Vgl. Masak, S.110
[21] Vgl. Masak, S.110
[22] Vgl. Masak, S.89
[23] Vgl. Masak, S.89
[24] Vgl. Hanschke, S.62f

aufgrund der ständigen Weiterentwicklung (zuletzt 2008) als erste Wahl bei der Einführung einer kontrollierten Unternehmensarchitektur.

Eine Auswahl weiterer bekannter und teilweise praxisrelevanter Enterprise Architecture Management-Modelle findet sich in der folgenden Tabelle:

Name des Frameworks	Kurzbeschreibung
The Open Group Architecture Framework (TOGAF)	- Basiert auf einem Vormodell des US-Verteidigungsministerium: TAFIM - Kostenfreier, methodischer Rahmen zur Erstellung einer Unternehmensarchitektur - Ziel: herstellerunabhängiger Standard
US Federal Enterprise Architecture Framework (FEAF)	- Eigens für die US-Regierung entwickelt - Einheitliche Struktur für US-Behörden - Ziel: Vereinfachung des Informationsaustauschs
Department of Defense Architecture Framework (DoDAF)	- Einsatz im militärischen Bereich der USA - Für große Systeme mit komplexen Aufgaben geeignet
Systemic Enterprise Architecture Methodology (SEAM)	- Strukturelle Modellierung - Aufbauend auf Zachman Framework - Serviceorientierte Architektur (siehe 4.5)
Guidelines Regarding Architecture Alignment (GRAAL)	- Beurteilung von Softwarearchitekturen - Eingeschränkte Betrachtung - Basis: architektonisches Alignment

Tabelle 5: Auswahl bedeutender Enterprise Architecture Management Frameworks
(Quelle: eigene Zusammenstellung; vgl. Masak, S.91-96 und vgl. Hanschke, S.63f)

Bei allen sechs Rahmenwerken besteht eine Gemeinsamkeit, nämlich die Beschreibung der Enterprise Architecture durch verschiedene Sichten und diverse Aspekte.[25] Jedoch besitzen alle vorgestellten Frameworks zudem dieselben Nachteile: Sie sind „sehr abstrakt, nicht wirklich praxisnah und [deshalb] nicht ad hoc anwendbar"[26].

Deshalb entwickelte das laut eigenen Angaben[27] im Bereich Enterprise Architecture Management marktführende deutsche Unternehmen, Iteratec GmbH, eine Best-Practice-Unternehmensarchitektur, die die Vorteile der vorgestellten Frameworks vereint und durch Beratungsleistung/Projekterfahrung ermöglicht, sie unmittelbar mit leicht

---

[25] Dern, Gernot: Management von IT-Architekturen, 2. Auflage. Vieweg & Teubner Verlag, Wiesbaden 2006
[26] Hanschke, S.67
[27] Telefonische Auskunft eines Iteratec Mitarbeiters, der aus Datenschutzgründen nicht genannt werden möchte, aus dem Unternehmenshauptsitz in München am 23.12.2010

konfigurierbaren Anpassungen im Unternehmen einzusetzen (siehe Anhang 6.4 Iteratecs Best-Practice-Enterprise Architecture).[28]

4.3. IT-Architektur bei Unternehmenszukäufen und –veräußerungen

Mergers & Acquisitions (dt. Fusion und Übernahmen) sowie das Verkaufen von einzelnen Unternehmensteilen / Produkten aus dem Unternehmensportfolio sind feste Bestandteile einer „gesunden" Wachstumsstrategie größerer Unternehmen.[29] Hierbei ist zu beachten, dass bei einer Post Merger Integration (dt. Integration nach einer Fusion) auch immer die IT harmonisiert werden muss: IT-Merger-Integration. Bei der Veräußerung sollte dementsprechend die IT des ausgelagerten Unternehmensbereichs desintegriert werden: IT-Carve-Out. Hier liegt eine große Herausforderung für jedes Unternehmen, wo der große Nutzen eines funktionierenden Enterprise Architecture Managements sichtbar wird.

Bei Unternehmensübernahmen werden meistens alle offensichtlich geschäftsrelevanten Faktoren, z.B. Finanzen, Standorte, Synergiepotentiale und Produkte genauestens betrachtet, jedoch wird üblicherweise die Integration der IT nicht adäquat einbezogen, da sie regelmäßig in Umfang und Komplexität unterschätzt wird.[30] Dabei müssen die Geschäftsprozesse, die wie zuvor gesehen mittlerweile alle durch die IT-Architektur unterstützt werden, miteinander „verschmolzen" werden. Dies geschieht im besten Fall durch eine komplette Vereinheitlichung der IT-Landschaft durch die dominante Unternehmensarchitektur des kaufenden Unternehmens. Ziele der IT-Merger-Integration sind die Realisierung von Geschäftsprozess- und IT-Synergien und die damit verbundene Kostenreduktion,[31] sodass die Wettbewerbsposition erheblich verbessert werden kann. Hinzu kommt die langfristige Erfolgssicherung der Unternehmensübernahme durch die schnelle Angleichung der beiden IT-Strategien an die neue gemeinsame Unternehmensstrategie, um weiteres Unternehmenswachstum zu ermöglichen.

IT-Carve-Out beschreibt ein weiteres, schwieriges Verfahren. Bei der Veräußerung von Unternehmensteilen muss nämlich trotz der Auslagerung eines Teils der IT die Funktionsfähigkeit des „restlichen" Unternehmens gewährleistet werden, damit keine geschäftsprozessrelevanten Einbußen entstehen können. Dies wird ermöglicht, indem

---

[28] Hanschke, S.69
[29] Vgl. Buchta, Dirk & Eul, Marcus: Strategisches IT-Management, 2. Auflage. Gabler Verlag, Wiesbaden 2009. S.64
[30] Vgl. Göldner, S.162
[31] Vgl. Buchta, S.69-71

die „bisher integrierte IT des zu verkaufenden Unternehmensteils von der des Mutterunternehmens abgetrennt [wird], damit ein eigenständig lebensfähiges Unternehmen entsteht"[32]. So wird zusätzlich die Attraktivität und der Kaufpreis des zu abstoßendendes Objektes gesteigert, da die Übernahme in das Fremdunternehmen nach erfolgreichem Kauf einfacher erfolgen kann.

4.4. Enterprise Application Integration (EAI)

So eine Trennung wie Kopplung einzelner IT-Systeme/-Landschaften gelingt besonders kostengünstig, flexibel und schnell mittels vorhandener Enterprise Application Integration (EAI). EAI ist eine IT-Infrastruktur, die mithilfe einer Middleware (eine vermittelnde Software) bzw. einem Message/Business Bus die zentralen betriebswirtschaftlichen, heterogenen Systeme des Unternehmens miteinander verbindet.

Die Zielsetzung hinter Enterprise Application Integration ist es nämlich, „die beteiligten Applikationen möglichst lose und idealerweise ohne gegenseitige Abhängigkeiten miteinander zu verbinden"[33], um hohe Flexibilität, einfache Erweiterbarkeit und problemlose Änderungen an Geschäftsprozessabläufen zu ermöglichen.

Die derzeit beliebteste Integrationstopologie ist neben der traditionellen Middleware-Implementierung die Bus-Architektur, da sie die Anzahl gebrauchter Schnittstellen auf ein Minimum reduziert, für hohe Datentransfervolumina ausgelegt ist und alle verschiedenen, geschäftsprozessrelevanten Applikationen zu einem einzigen verteilten System mit einer gemeinsamen „Datensprache" zusammenfasst:

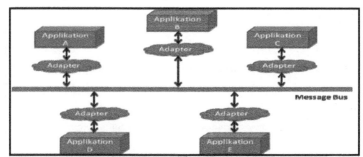

Abbildung 4: Enterprise Application Integration Bus-Topologie
(Quelle: in Anlehnung an Masak, S. 134)

Dadurch bildet sie zusätzlich die Grundlage für eine serviceorientierte Architektur.

---

[32] Buchta, S.66
[33] Masak, S.131

4.5. Beispiel: Serviceorientierte Architektur (SOA)

Aus einer EAI-Infrastruktur entsteht durch das Hinzufügen des Servicegedankens die sogenannte serviceorientierte Architektur im Unternehmen. Dieser Gedanke entsteht heutzutage bei vielen Unternehmen, die sich in gesättigten Märkten befinden, kundenspezifische Produkte verkaufen oder Drittanbieter in ihr Leistungsportfolio einbauen müssen.[34] Da hier eine ständige Flexibilität auf Veränderungen und eine einheitliche Kommunikation von Nöten sind, modelliert SOA „die gesamte Organisation als eine Ansammlung von [autarken] Services, welche über die Organisation verteilt und jedem zugänglich [sowie für seine Zwecke nutzbar] sind"[35].

Diese Services sind die höchste Abstraktionsstufe der bisherigen IT-Entwicklung (siehe Kapitel 2 Historische Entwicklung der IT), da nicht mehr die Software im Mittelpunkt steht, sondern die Dienstleistung an den Geschäftsprozess durch die Software. Der Aufbau von EAI und SOA ähneln sich hierbei sehr stark, da z.B. statt dem Message Bus der Service-Bus als zentrale Schnittstelle existiert und durch die gemeinsame Datensprache eXtensible Markup Language (XML) trotz der heterogenen IT-Landschaft des Unternehmens eine plattformunabhängige, globale Kommunikation gegeben ist. Also müssen Enterprise Application Integration und die serviceorientiere Architektur immer gemeinsam betrachtet werden, um einen Erfolg fürs Unternehmen zu erzielen. Genauso darf SOA und Enterprise Architecture Management nicht, wie häufig praktiziert, isoliert voneinander betrachtet werden, da eine Serviceorientierung nur über eine Kombination von beidem effektiv umgesetzt werden kann.[36]

5. Fazit

Werden nun alle Erkenntnisse und bisherigen Ergebnisse der Studienarbeit zusammengefasst, ergibt sich folgende Hauptaussage: Enterprise Architecture Management ist integraler Bestandteil einer erfolgreichen IT-Strategie und unverzichtbar für jedes Unternehmen, das in einem dynamischen Markt bestehen und flexibel auf innere wie äußere Unternehmenseinflüsse reagieren will/muss.

Dennoch wird trotz des fast dreißigjährigem Bestehens EAMs erst seit den letzten Jahren diesem Thema die Relevanz zugesprochen, die es offensichtlich verdient, da die meisten Unternehmen sich bis heute vor den enormen Startkosten, die bei einer

---

[34] Vgl. Göldner, S.84
[35] Masak, S.112
[36] Vgl. Hanschke, Inge: IT-Management, 1. Auflage. IT-Daily, München 2009. S. 1

Einführung eines Enterprise Architecture Managements entstehen, scheuen. Der Grund liegt darin, dass EAM ein strategisches Instrument der Unternehmensleitung ist, wodurch die „Folgen" solch einer Entscheidung erst Monate/Jahre später einigermaßen unternehmensweit messbar werden. Hinzu kommt bei vielen Vorständen das „altmodische" Verständnis der IT als reiner Kostenfaktor, wodurch der Wertschöpfungs- und Dienstleistungsaspekt beim Management sehr weit weg erscheint. Wenn jedoch eine IT-Strategie, beispielsweise durch ein IT-Beratungsunternehmen, besser auf die Unternehmensstrategie angepasst werden soll, ist EAM ein unverzichtbarer Bestandteil dessen, da heutzutage die IT-Architektur gemeinsam und gleichwertig mit der Geschäftsprozessarchitektur das „Rückgrat" der allermeisten Unternehmen bildet. Wie die genaue Ausgestaltung der Unternehmensarchitektur aussieht, ist unternehmensabhängig und kaum von Unternehmen zu Unternehmen vergleichbar. Doch entsteht trotz der fehlenden konkreten Quantifizierbarkeit des Erfolgs bei den meisten Top-Managements laut einer Studie die Meinung, dass durch Enterprise Architecture Management die „Prozessbeschleunigung durch IT", das „IT-Business-Alignment" und die „Verbesserung der internen Nutzerzufriedenheit" erheblich gefördert wird.[37]

---

[37] Umfrage „State of the CIO 2008" der IDG Communications Media AG, 2008

6. Anhang

6.1. Anhangsverzeichnis

6.2. Globaler Enterprise Architecture Überblick

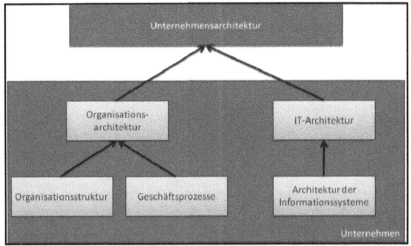

Quelle: in Anlehnung an Aier, S.; Schönherr, M.: Evaluating Integration Architectures – A Scenario-based Evaluation of Integration Technologies. In: Draheim D., Weber G. (Eds.): Trends in Enterprise Application Architecture: VLDB Workshop, TEAA 2005, Trondheim, Norway, August 2005, Revised selected Paper, S. Springer Verlag, Berlin 2006

6.3. Zachman Enterprise Architecture Framework Überblick

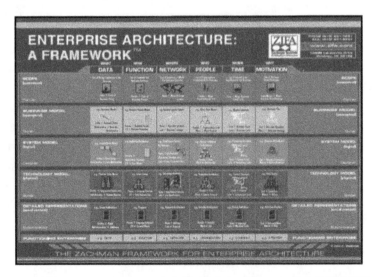

Quelle: http://www.ibm.com/developerworks/rational/library/nov06/temnenco/fig2.gif, 23.12.2010

6.4.   Iteratecs Best-Practice-Enterprise Architecture

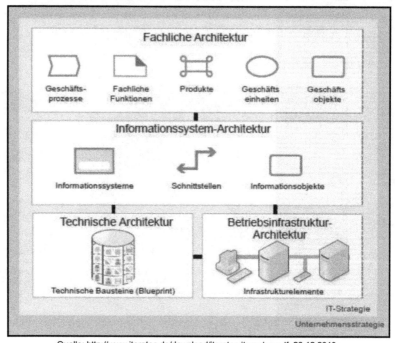

Quelle: http://www.iteratec.de/download/iteratec-iteraplan.pdf, 23.12.2010

7. Quellenverzeichnis

Bücher:

1. Buchta, Dirk & Eul, Marcus: Strategisches IT-Management, 2. Auflage. Gabler Verlag, Wiesbaden 2009

2. Dietrich, Lothar & Schirra, Wolfgang: IT im Unternehmen, 1. Auflage. Springer Verlag, Berlin 2004

3. Gadatsch, Andreas & Mayer, Elmar: Masterkurs IT-Controlling, 2. Auflage. Vieweg & Sohn Verlag, Wiesbaden 2005

4. Göldner, Axel: IT-Governance in der Praxis – Erfolgreiche Positionierung der IT im Unternehmen, 1. Auflage. Springer Verlag, Berlin 2006

5. Grant, Robert M.: Strategisches Management – Analyse, Entwicklung und Implementierung von Unternehmensstrategien, 5. Auflage. Pearson Studium, München 2006

6. Hanschke, Inge: Strategisches Management der IT-Landschaft, 1. Auflage. Carl Hanser Verlag, München 2009

7. Kütz, Martin: IT-Controlling für die Praxis, 1. Auflage. Dpunkt.verlag GmbH, Heidelberg 2005

8. Kütz, Martin: IT-Steuerung mit Kennzahlensystemen, 1. Auflage. Dpunkt.verlag GmbH, Heidelberg 2006

9. Kütz, Martin: Kennzahlen in der IT – Werkzeuge für Controlling und Management, 2. Auflage. Dpunkt.verlag GmbH, Heidelberg 2007

10. Masak, Dieter: IT-Alignment, 1. Auflage. Springer Verlag, Berlin 2006

11. Schott, Eric & Christophe Campana: Strategisches Projektmanagement, 1. Auflage. Springer Verlag, Berlin 2005

12. Stoi, Roman & Dillerup, Ralf: Unternehmensführung, 3. Auflage. Verlag Franz Vahlen GmbH, München 2011

Einsicht und Zitierung der DIN Normen mit freundlicher Genehmigung des Deutschen Normenwerkes; Auslegestelle: Betzdorfer Straße 2, 50679 Köln